PÉTITION

DES

COLONS D'ALGER

A LA CHAMBRE DES DÉPUTÉS.

PÉTITION

DES

COLONS D'ALGER

A LA CHAMBRE DES DÉPUTÉS.

PARIS.

IMPRIMERIE SELLIGUE,
RUE MONTMARTRE, 131.

1835.

PÉTITION

DES

COLONS D'ALGER

A LA CHAMBRE DES DÉPUTÉS.

MESSIEURS LES DÉPUTÉS,

Souvent d'impérieuses circonstances, dont les masses ne comprennent point la force et la portée, dominent les gouvernemens et les mandataires du pays, et les obligent à ajourner l'application des projets les mieux réfléchis et les plus utiles.

C'est à des circonstances de haute raison politique de ce genre, que les habitans d'Alger ont rapporté jusqu'ici les causes d'instabilité de la colonie.

Certes, les événemens qui ont agité depuis trois ans les diverses nations, et le besoin, si bien senti, de renouer la paix en Europe, ont dû préoccuper exclusivement l'attention et l'activité de l'Etat.

Mais aujourd'hui que la prudence royale et la sagesse parlementaire ont dissipé les causes imminentes de guerre, et rasséréné l'horison politique; aujourd'hui que toutes les prospérités de la France se raffermissent, sans doute le Gouvernement va donner à la précieuse colonie d'Alger le développement libre et vaste qu'il a préparé et mûri longtemps dans le silence; il va ouvrir enfin, pour la patrie, la source des richesses indéfinies que renferme notre importante conquête.

Cependant les colons qui attendaient, pleins d'espoir, ces jours heureux, se sont vivement émus à la lecture des débats du Parlement anglais sur la question d'Alger. Ils ont cru, dans leur juste anxiété, que le droit de la France à posséder et coloniser ce pays était contesté par les cabinets étrangers, et qu'un engagement particulier nous liait peut-être aux exigences d'une diplomatie inquiète et ombrageuse.

Toutes les existences coloniales ont été à la veille d'être troublées et bouleversées par les tristes discussions de la tribune d'Angleterre.

Pourtant l'empire de la raison, et les sages calculs des esprits positifs, semblent démontrer l'impossibilité comme la fausseté de négociations et d'engagemens au sujet d'Alger.

En effet, la possession de la Régence, et sa colonisation par la France, ne peuvent plus être mises en question, car c'est désormais un fait accompli.

On ne peut supposer un engagement quelconque, puisque tous les grands corps de l'Etat ont reconnu solennellement la colonie d'Alger dans des actes authentiques émanés de leur autorité.

Alger est donc une colonie française, une colonie avouée et fondée par le Gouvernement, à la face de l'Europe, qui n'a point méconnu notre droit; elle est une partie de l'empire qu'aucune force et aucune volonté ne peuvent en détacher.

Il ne s'agit plus aujourd'hui de réclamer une reconnaissance officielle; elle existe. Quelques faits que nous allons citer, entre beaucoup d'autres, ne laisseront aucune espèce de doute à cet égard.

1° Le Gouvernement né de juillet recueillant la fraîche conquête, faite sous un autre drapeau, comprit les droits de la France et les destinées de notre nouvelle possession. Il envoya M. le général Clauzel, homme de talens militaires et d'habile administration; et lui confia des pouvoirs illimités et souverains pour coloniser la Régence, et conquérir le reste du pays. Les devoirs tracés à cet illustre Gou-

verneur sont le premier acte officiel de la connais-
sance de la colonie.

2° M. le maréchal Gérard, alors ministre au dé-
partement de la guerre, homme éminent sous
tant de rapports, au nom de l'Etat, sur les résolu-
tions duquel il avait une si juste influence, a fourni
à la colonie un titre de reconnaissance non moins
éclatant. Le 3o octobre 183o, il écrivit à M. le général Clauzel *pour l'informer que le Gouvernement
était confirmé dans l'intention de fonder sur le territoire
d'Alger une importante colonie, qu'il approuvait
sans réserve les mesures que ses lumières lui avaient
fait adopter pour accélérer la colonisation,* en-
tr'autres l'institution de grands établissemens agri-
coles et manufacturiers ; l'organisation d'un tribu-
nal civil, et celle de tribunaux mixtes, destinés, en
faisant concourir les indigènes, à l'administration
de la justice, à les initier à l'esprit de nos lois, c'est
dire à notre civilisation.

Cette lettre, forte de principes et de faits, ne
proclame point seulement la volonté de la France
de coloniser, mais encore elle en prescrit les moyens
d'exécution.

M. le maréchal, duc de Dalmatie n'a pas reconnu
moins solennellement la colonie d'Alger. Les ins-
tructions qu'il a données à l'intendant civil, par sa

lettre du 29 mai 1832, sont aussi explicites que celles de son prédécesseur.

3° Le Gouvernement du roi a jeté les fondemens de la colonie, et suivi son projet, hautement avoué, dans toutes ses applications.

Chacun de ses actes est devenu un aveu public de ses intentions.

Ainsi il a institué, par ordonnance royale, un Intendant civil chargé d'appliquer la législation française ; il a organisé les administrations civiles, les tribunaux de tous les degrés, la douane, le domaine, l'enregistrement, etc.

Il a exécuté la suppression des juridictions consulaires consentie diplomatiquement ;

Ouvert des routes nombreuses et belles ;

Appelé et dirigé sur ces côtes une population agricole considérable, à laquelle il a distribué et concédé à perpétuité des terres ;

Elevé des villages ;

Fondé des écoles publiques et gratuites pour tous les habitans européens et indigènes ;

Créé une imprimerie française-arabe, et un journal, (le *Moniteur algérien*) ;

Formé une Bibliothèque publique et une vaste pépinière.

Enfin, il a pris une foule d'autres mesures pour

asseoir et encourager la colonie, toutes d'une utilité d'avenir, mais la plupart coûteuses pour le Trésor, et qui seraient sans cause rationnelle et sans objet, dans l'hypothèse d'une simple occupation militaire permanente ou éventuelle.

4° Le Pouvoir a établi diverses contributions, notamment il a introduit à Alger les droits d'enregistrement pour tous les actes.

Il s'est lié, par cette mesure, d'une façon indélébile sur le sol d'alger; car en levant un impôt, il a créé un droit pour celui qui le paie, et contracté un devoir, celui de garantir les acquisitions et transactions faites sous sa domination; c'est dire qu'il a fondé une colonie incessible.

5° Le Gouvernement a reconnu Alger comme une fraction de l'Empire, lorsqu'il institua la garde nationale et reçut son serment solennel d'obéir au roi, à la Charte constitutionnelle et à la patrie, et *d'assurer, par sa coopération, l'intégrité du territoire de la France;* le territoire qu'elle doit défendre est Alger? Alger est donc une partie intégrante de la France.

6° Enfin, les chambres ont revêtu du sceau de la nation la reconnaissance de la colonie d'Alger, en votant pour elle comme pour les autres colonies et au même titre, pendant trois ans, une part du budget. Elles l'ont acquise à toujours à la France, en la fécondant avec les deniers des contribuables et elles l'ont placé sous la protection nationale.

Tous ces faits rassemblés, et d'autres que nous passons sous silence, prouvent assez que la colonie est reconnue avec solennité par tous les pouvoirs.

C'est, comme nous l'avons déjà dit, un fait désormais accompli : aveugle est celui qui peut le nier.

La question n'est donc plus sur ce terrain : mais à côté, d'autres questions méritent votre sollicitude et votre attention.

L'état de marasme dans lequel on laisse languir ce pays, son administration incomplète et inactive, des mesures exceptionnelles, imprudentes et dangereuses, ont inspiré une profonde inquiétude à tous les colons. Le découragement qui a suivi, grossi des craintes qu'ont fait naître les révélations de la tribune anglaise, a apporté une perturbation telle que si elle pouvait durer, les prospérités de ce pays seraient taries pour long-temps dans leur source.

Déjà la population juive, qui s'est compromise avec nous par ses relations intimes et son dévoûment, tremble pour son bien le plus cher, son existence. Elle va élever ses plaintes jusqu'à vous, et vous demander quelques mots qui la rassurent. La population maure s'est émue; elle aussi a lié son sort au nôtre.

C'est à vous, Messieurs les Députés, vous, soigneux de toutes les fortunes de la France et de tous les intérêts individuels, à vous qui avez calculé, dans les prévisions de votre expérience et de vos lumiè-res, l'importance d'Alger sous tant de rapports, le mouvement ascendant qui lui est promis et ses réac-tions fertiles en grandeur et en richesses pour la patrie, c'est à vous, que nous invoquons, a faire cesser ce provisoire si dissolvant pour la colonie, et qu'aucune cause ne peut plus autoriser à prolonger.

Nous, colons de toutes les classes, nous portons nos doléances, Messieurs les Députés, pour que, dans votre sagesse, vous provoquiez enfin du ministère l'application à Alger d'un système de colonisation large, complet, actif et légal, ou plutôt la reprise des erremens du système suivi sous l'habile géné-ralat de M. le maréchal Clauzel, système qui avait rapproché de nous l'avenir de prospérité et de force qui est dans les destinées d'Alger.

Notre pétition, Messieurs les Députés, puise ses argumens dans tous les intérêts de grandeur mo-rale de la France, et, vous le savez, surtout dans ses intérêts matériels. Nous nous flattons que vous accueillerez avec sollicitude notre demande; que vous l'agréerez comme l'expression d'une plainte de la patrie, de cette patrie dont la voix ne monte jamais en vain jusqu'à vous.

Incessamment nous aurons l'honneur de mettre sous vos yeux, Messieurs les Députés, un Mémoire qui présentera la question d'Alger sous toutes ses faces, et appuiera ses conclusions sur une foule de documens irréfragables.

Les membres de la Commission des pétitions élus par l'assemblée générale des colons du 28 mai 1833.

NAUDOT, *vice-président.*

COLLOMBOY.

V. RANCZ, *secrétaire.*

AUG. MERCIER.

J. B. GAUVOIS.

ROUX *fils.*

BUBIN.

FOUGEROUX.

P. FABUS.

Alger, 3 juin 1833.

www.ingramcontent.com/pod-product-compliance
Lightning Source LLC
Chambersburg PA
CBHW061602050726

47595CB00009B/3961